AF280928

Herstellung: Books on Demand GmbH

ISBN 3-8330-0181-X

DU HAST MEINE SEELE BERÜHRT,

DASS HAT MICH ZUM SPRECHEN UND SCHREIBEN GEFÜHRT.

Ich habe Dich auserwählt,

nicht gesucht.

Es ist Bestimmung,

nicht Zufall.

Es gibt keine Zufälle im Leben.

Ich hole Dich ins wahre Leben zurück.

Zwischen uns ist alles:

Körper – Seele – Geist.

ALLES, WAS ICH BIN, LEBE ICH.

ALLES, WAS ICH SPRECHE, BIN ICH.

DER BRUNNEN AUS DEM ICH SCHÖPFE,

DER NIE VERSIEGT.

...................................................................................................

ZWEI MENSCHEN, WIE DU UND ICH,

AUF EINE GANZ BESTIMMTE WEISE,

JEDER FÜR SICH AUSSERGWÖHNLICH,

DAS VEREINT IN MEINEM KÖRPER.

WAS GIBT ES GRÖSSERES IM LEBEN.

6

ICH TRAGE FÜR DICH MEIN SCHÖNSTES KLEID.

MEINE SEELE IST TAG UND NACHT BEREIT.

DEINE SCHÜTZERIN UND MUSE WILL ICH SEIN.

ERATO — ZEUS TOCHTER FÜR IMMER DEIN.

DIE KRAFT MEINER LIEBE
IST DAS TOR ZU DEINEM HERZEN!

WIR HABEN UNS GEFUNDEN,

OHNE ZU SUCHEN.

WIR GLEICHEN UNS,

OHNE GLEICH ZU SEIN.

WIR MACHEN UNS STARK FÜREINANDER,

OHNE ZU ERDRÜCKEN.

WIR LASSEN UNS RAUM,

OHNE UNS FERN ZU SEIN.

UNSERE NÄHE IST UNSERE SEELE

UND UNSERE LIEBE FÜREINANDER,

BIS ÜBER DEN TOD HINAUS.

LASS UNS EINS SEIN

UND ZWEI BLEIBEN.

...........................................................................................................................

ICH MÖCHTE DEINE SONNE SEIN,

DIE DICH MIT IHREN STRAHLEN

ERWÄRMT UND BERÜHRT,

OHNE ZU VERBRENNEN.

...........................................................................................................................

ICH BIN EINE FRAU,

DIE GEGEN DEN STROM SCHWIMMT,

ABER NICHT GEGEN SICH SELBST.

ICH GEBE ALLES.

DU GIBST NICHTS.

WAS IST ALLES?

WAS IST NICHTS?

NICHTS KANN ALLES SEIN

UND ALLES NICHTS.

......................................................................................................

DU BIST IMMER BEI MIR,

WEIL DU IN MIR BIST.

ICH BIN DEIN GESICHT —

ZEICHNE MICH.

MEINE LIEBE, DAS BIN ICH —

ZEICHNE MICH.

GLAUB' AN MICH,

DU UND ICH —

ICH BIN DEIN GESICHT,

ZEICHNE MICH.

........................................................................................

BEHÜTE UND BEWAHRE WEM DU GIBST,

DA DU IM LEBEN NUR EINMAL LIEBST.

*11*

ZWEI MENSCHEN, WIE DU UND ICH,
KÖNNEN SICH NICHT AUF DEN GEIST GEHEN,
WEIL WIR GEIST HABEN.

.........................................................................................................

DU BIST MEIN FÜHRER,
ICH DEINE VERFÜHRUNG.

.........................................................................................................

EINE STUNDE MIT DIR
IST VIERUNDZWANZIG STUNDEN LANG.

*12*

WAS ICH VON AUSSEN VERSPRECHE,

KANN ICH VON INNNEN HALTEN.

.............................................................................................................

WENN UNSERE HÄNDE SICH BERÜHREN,

DU MUSST ES GANZ TIEF INNEN SPÜREN.

.............................................................................................................

NUR WER OBEN IST,

KANN NACH UNTEN STEIGEN.

NIE UMGEKEHRT.

MEINE WEICHHEIT IST STÄRKE.

MEINE STÄRKE IST WEICH,

DAS IST MEIN GANZER INNERER BEREICH.

.......................................................................................

WIR KÖNNEN NICHT MIT DER HERDE ZIEHEN,

NUR MIT UNS SELBST.

.......................................................................................

ICH MÖCHTE DEINE WUNDEN HEILEN

UND DEINE SCHMERZEN TRAGEN.

*14*

MEIN WEG BIST DU.

DAS ZIEL SIND WIR.

...............................................................................................

DAS GRÖSSTE KOMPLIMENT AN DICH

BIN ICH.

...............................................................................................

DAS LEBEN BEGINNT MIT DER LIEBE IM HEUTE

UND ENDET, WENN ÜBERHAUPT,

ERST MIT DEM TOD!

*15*

DU MUSST DIE ERDE BERÜHREN,

UM DARAUF LAUFEN ZU KÖNNEN.

..................................................................................................

MACHT, MACHT VON MENSCHEN GEMACHT.

ES GIBT KEINE MACHT

VON MENSCHEN GEMACHT.

DIE EINZIGE MACHT FÜR MENSCHEN

GEMACHT,

IST DIE MACHT DER LIEBE,

VON GOTT GEMACHT.

*16*

FRAGE NICHT, WOHER ICH KOMME,

FRAGE LIEBER WER ICH BIN,

DAS HAT EINEN VIEL TIEFEREN SINN.

GEDANKEN DIE SPRECHEN,

VOM SEIN UND VOM SCHEIN,

FÜHREN DICH IN MEINE WELT HINEIN.

.......................................................................................................

DU NIMMST MEINE HAND

UND ICH DEINE.

SPÜRST DU DIE KRAFT DIE ICH MEINE?

OH GOTT, HAST DU MICH REICH BESCHERT,

ICH FÜHLE MICH DURCH DICH GEEHRT.

ES IST DIE WAHRE LIEBE!

ICH DANKE GOTT FÜR DEIN LEBEN

UND MÖCHTE DIR MEINES DAFÜR GEBEN.

NIMM ES IN DEINE HÄNDE,

GEH GUT DAMIT UM.

DIE ANTWORT AUF MICH

BIST DU WIEDERUM.

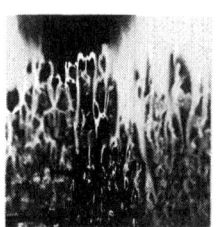

MEINE LIEBE IST DEIN GLÜCK.

ICH HOLE DICH INS WAHRE LEBEN ZURÜCK.

EIN LANGER WEG —

STÜCK FÜR STÜCK.

UNS KANN NICHTS TRENNEN —

NUR GOTT.

.......................................................................................................

DEINE UND MEINE FORM

PASSEN IN KEINE NORM.

DURCH DICH BIN ICH NEUGEBOREN.

DU BIST MEIN LEBEN,

ICH MÖCHTE FÜR DICH DAS GLEICHE GEBEN.

*19*

WENN DEIN HUNGER NACH MEINER LIEBE

GROSS GENUG IST,

WIRST DU MICH LIEBEN.

.........................................................................................

ICH MÖCHTE MIT DIR

IM HAUS MEINER SANFTMÜTIGKEIT LEBEN

UND DIR MEINEN GANZEN REICHTUM GEBEN.

.........................................................................................

UM MICH ZU ENTTÄUSCHEN,

MUSST DU DICH ENTTÄUSCHEN.

*20*

ICH HABE MICH IN DIR WIEDERGEFUNDEN
UND DU IN MIR.

.......................................................................................................

DU BIST MEIN LEBEN –
ICH BIN DEIN LICHT.
VERGISS DAS NICHT.

.......................................................................................................

MEIN HERZ SCHLÄGT NUR FÜR DICH.
ALLES ANDERE IST HERZSCHLAG,
UM ZU LEBEN.

*21*

DEIN HERZ WIRD MICH RUFEN,

WENN DEINE SEELE BEREIT IST.

DEIN KÖRPER SICH NACH MIR SEHNEN,

WENN DU SOWEIT BIST.

ALL MEINE GABEN,

SOLLEN DICH LABEN.

........................................................................................................

LASS MICH NICHT ZU LANGE WARTEN.

ICH BIN DAS PARADIES –

KEIN SCHREBERGARTEN!

*22*

LASS UNS EINS SEIN.

IM LEBEN WIE IM TOD.

......................................................................................

WIR HABEN VOM ERSTEN MOMENT AN GEWUSST,

DASS WIR ZUSAMMENGEHÖREN,

OHNE ES ZU WISSEN.

......................................................................................

UNSEREN TRAUM MÜSSEN WIR TRÄUMEN,

BEVOR WIR DAS LEBEN VERSÄUMEN.

BEI JEDEM HERZSCHLAG DENKE ICH AN DICH.

MEIN LEBEN, DAS BIST DU UND ICH.

---

MEINE LIEBE BIST DU.

DER GLAUBE BIN ICH.

DIE HOFFNUNG SIND WIR.

---

DEIN WILLE IST DEIN WEG

UND ES GESCHEHEN NOCH WUNDER.

24

SCHLIESSE DIE TÜR NICHT ZU DIR SELBST,

BEVOR DU SIE ZU MIR GANZ GEÖFFNET HAST.

...........................................................................................

VON AUSSEN KANN NICHTS AN UNS HERAN,

DAS DIESE LIEBE STÖREN KANN.

VON INNEN KOMMT DIE GANZE KRAFT,

DIE DIESE GROSSE LIEBE SCHAFFT.

...........................................................................................

ICH GEHÖRE DIR —

VERTRAUE MIR.

VOR DER LIEBE

UND VOR DEM TOD

KÖNNEN WIR NICHT WEGLAUFEN.

..........................................................................................................

ENTBLÖSSE DICH FÜR MICH,

SO BIST DU AM SCHÖNSTEN.

..........................................................................................................

LASS UNS WIR SEIN.

DER REST IST SCHEIN.

*26*

Ich frage nicht,

Du und ich.

Ich bin Dein schönstes Spielzeug,

wie Du für mich.

.................................................................................

Nur die Spannung macht den guten Bogen.

Was nützt Dir dein Pfeil.

.................................................................................

Ich öffne Deine Herzenstür,

Dein Weg führt immer nur zu mir.

*27*

ALS DIE SONNE DEN MOND BERÜHRT

HAT GOTT UNS ZUSAMMENGEFÜHRT.

.......................................................................................

AUF MEINE LIEBE GIBT ES NUR EINE ANTWORT:

LIEBE.

.......................................................................................

ICH BRAUCHE KEINE BLÜTE

UND KEIN BLATT.

ICH BRAUCH' NUR DICH,

ICH BIN DIE RAUPE NIMMERSATT.

*28*

DU KOMMST AUS MEINEM SCHOSS.

DEIN VERLANGEN IST NACH MEINEM SCHOSS.

DU GIBST ALLES IN MEINEN SCHOSS.

LIEBE.

......................................................................................

DU VERLIERST DICH IN MIR,

UM DICH IN MIR ZU FINDEN.

......................................................................................

LIEBE MACHT SEHEND.

VERLIEBEN MACHT BLIND.

ICH KAM DURCH DEINE TÜR

UND WAR BEI DIR.

ICH WAR DEIN TRAUM

UND DEIN TRAUM

DAS BIST DU.

STEHE DAZU.

HIMMEL UND ERDE,

DAZWISCHEN SIND WIR.

ICH GEHÖRE IN ALLEM DIR.

JEDE BERÜHRUNG

IST EINE VERFÜHRUNG.

30

DAS INNERE WARTEN,

OHNE DAS ÄUSSERE STEHEN,

HAT UNS BELOHNT.

MIT LIEBE.

........................................................................................

MEIN HERR UND GEBIETER!

ICH MUSS MICH NICHT BEUGEN,

UM DIR ZU DIENEN.

........................................................................................

DEINE LIEBE ZU MIR

IST MEIN SIEG.

*31*

DEINE SONNE

BIST DU IMMER NUR SELBST,

AUCH WENN ES DRAUSSEN REGNET

ODER STÜRMT.

......................................................................................................

DU BIST IN MIR TAG UND NACHT —

EIN WUNDER IST VOLLBRACHT.

......................................................................................................

SPRINGE NICHT WEG UND SCHERE NICHT AUS.

ES GIBT NUR EINEN WEG: GERADEAUS.

*32*

ICH MÖCHTE DER BRUNNEN
DEINER KRAFT UND LIEBE SEIN.

..............................................................................................

DAS LEBEN IST VERÄNDERUNG.
ICH BIN DEINE VERÄNDERUNG.
DU MEIN LEBEN.

..............................................................................................

DER SCHWIERIGSTE WEG IM LEBEN
WIRD DER SCHÖNSTE SEIN.
STEIGEN, STEIGEN, STEIGEN.

Spreche nicht mit dem Mund,

nur mit dem Herzen.

........................................................................

Wer Liebe sucht, wird sie nicht finden.

Der wird sich immer nur verlieben —

zum Zeitvertreib.

........................................................................

Nicht was Du trägst,

wer es trägt.

Du trägst Dich immer nur selbst.

ÖFFNE MIT SCHWEIGEN,

NICHT MIT SPRECHEN.

........................................................................

GLAUBE AN DICH UND MICH,

DENN GOTT IST IN UNS UND WIR IN GOTT.

........................................................................

UM GROSSES ZU BEKOMMEN,

MUSS MAN GROSSES GEBEN.

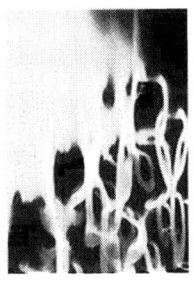

*35*

DEIN GLAUBE AN MICH,

IST DEIN SCHÖNSTES GESCHENK AN MICH.

..................................................................................

MIT DEN AUGEN SEHEN,

MIT DEN FÜßEN GEHEN,

MIT DEM HERZEN LACHEN,

MIT DEM KÖRPER SPÜREN

ÖFFNET ALLE TÜREN.

..................................................................................

LEBE DEIN LEBEN,

DU HAST NUR EINS!

*36*

SPRACHLOS UND SCHWEIGEN

SEINE GEFÜHLE ZEIGEN.

......................................................................................

IM VERZICHT ZEIGT SICH DEIN WAHRES ICH.

......................................................................................

FÜLLE EIN SIEB MIT SAND –

BLEIBST DU IM SIEB,

HAST DU DICH ERKANNT.

......................................................................................

NUR WER GEIST HAT, IST REICH.

*37*

GLÜCK IST GANZ LEISE,

UNGLÜCK GANZ LAUT.

....................................................................................

KLEIDER MACHEN LEUTE,

ABER KEINE MENSCHEN.

....................................................................................

DAS PARADIES BIST DU IMMER NUR SELBST —

LASS UNS DARIN LEBEN.

SPRACHLOS UND SCHWEIGEN

SEINE GEFÜHLE ZEIGEN.

........................................................................................

IM VERZICHT ZEIGT SICH DEIN WAHRES ICH.

........................................................................................

FÜLLE EIN SIEB MIT SAND —

BLEIBST DU IM SIEB,

HAST DU DICH ERKANNT.

........................................................................................

NUR WER GEIST HAT, IST REICH.

*37*

DEINE GEDANKEN WERDEN
DEIN SCHICKSAL SEIN.

....................................................................................

ALLES GLÜCK DIESER WELT
KOSTET KEIN GELD.

....................................................................................

IM GEWICHT LIEGT DAS SEIN.
IN DER LEICHTIGKEIT DER SCHEIN.

....................................................................................

DER GERADE WEG IST IMMER DER KÜRZESTE.

*40*

ICH BIN DEIN LEBEN, DEINE LIEBE.

ICH MÖCHTE DIE EINZIGE FÜR DICH SEIN,

DIE DEINE HÄNDE UND FÜSSE KÜSST.

................................................................................

ÜBERZEUGE MIT DEINEM LEBEN,

NICHT MIT DEINEM SPRECHEN.

................................................................................

DEINE INNERE KRAFT

IST DEINE ÄUSSERE HALTUNG.

REICHTUM TRÄGT MAN NUR IN SICH,

SO WIE DEN WAHREN ADEL.

...................................................................................................

DEIN LICHT ERHELLT DEN TAG,

KEIN ANDERES.

...................................................................................................

WER DRAUSSEN SUCHT,

WIRD DRINNEN NICHTS FINDEN.

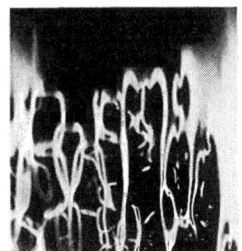

*42*

ZIEHE ÖFTERS MAL BILANZ,

ES KÖNNTE DIE LETZTE SEIN.

..........................................................................................................

KÄMPFE FÜR DAS, WAS DU BIST.

DIE ANDEREN KÄMPFEN FÜR DAS,

WAS SIE HABEN.

..........................................................................................................

DEIN UND MEIN GENIE

IST UNSERE MAGIE.

FORDERE ERST IMMER VON DIR SELBST,
BEVOR DU VON ANDEREN FORDERST.

........................................................................................

LEBE LEISE,
DIE MASSE IST SO LAUT.

........................................................................................

DEINE UND MEINE HÄNDE
SPRECHEN BÄNDE.

........................................................................................

WIR LEBEN DAS, WAS WIR SIND.

*44*

BETRÜGE DICH NIE SELBST,

SONST BLEIBST DU IMMER EIN BETRÜGER.

......................................................................................

DIE NATUR IST SO GROSS,

DER MENSCH SO KLEIN –

SOLLTE DAS NICHT EIN DENKANSTOSS SEIN?

......................................................................................

SPIEGLEIN, SPIEGLEIN AN DER WAND,

WER IST DIE SCHÖNSTE IM GANZEN LAND?

DU ANTWORTET DER SPIEGEL,

ABER NUR DER AN DER WAND?

LASS UNS IN STILLE SCHWEIGEN,
ES WIRD SICH DAS WAHRE ZEIGEN.

........................................................................................................

DU BIST DAS WEITE MEER,
ICH SEINE TIEFE.

........................................................................................................

DEIN GLAUBE AN MICH
IST DEIN GLAUBE AN DICH.

*46*